FACULTÉ DE DROIT DE MONTPELLIER

LEÇON D'OUVERTURE

Du Cours de Procédure civile

PAR

M. ANTONIN GLAIZE

Juge suppléant, Commis aux ordres,
Chargé du cours

MONTPELLIER
IMPRIMERIE CENTRALE DU MIDI.—Hamelin Frères
Imprimeurs de la Faculté de droit

1881

Faculté de Droit de Montpellier

LEÇON D'OUVERTURE

DU COURS DE PROCÉDURE CIVILE

FACULTÉ DE DROIT DE MONTPELLIER

LEÇON D'OUVERTURE

Du Cours de Procédure civile

PAR

M. ANTONIN GLAIZE

Juge suppléant, Commis aux ordres,
Chargé du cours

MONTPELLIER
IMPRIMERIE CENTRALE DU MIDI.— HAMELIN FRÈRES
Imprimeurs de la Faculté de droit

1881

FACULTÉ DE DROIT DE MONTPELLIER

LEÇON D'OUVERTURE

DU COURS DE PROCÉDURE CIVILE

Messieurs,

Mes premières paroles, en montant dans cette chaire, ne sauraient être que l'expression de ma profonde reconnaissance envers M. le Ministre de l'Instruction publique, qui a bien voulu me confier le soin d'inaugurer, dans notre Faculté enfin restaurée, l'enseignement de la procédure civile. L'honneur qu'il m'a fait en m'appelant à cette mission, à côté de collègues dont les services sont si hautement appréciés, m'expose (je ne me le dissimule pas) à un dangereux parallèle. Mais, si vous devez trouver chez ces collègues une science plus profonde unie à un art de l'enseignement plus attrayant, croyez bien, Messieurs, que nulle part plus que chez celui qui vous parle, vous ne pourrez rencontrer un attachement sincère à la jeunesse studieuse des écoles et un dévouement absolu aux fonctions de l'enseignement.

Ces fonctions, Messieurs (et vous me permettrez d'insister sur ce point), ne sont qu'une forme nouvelle de celles auxquelles je suis voué depuis longtemps. Je viens aujourd'hui joindre à l'application journalière de notre procédure le soin d'en développer devant vous et de vous en expliquer les principes. Certes une longue expérience est particulièrement utile dans un enseignement où, plus que partout ailleurs, la pratique doit être étroitement unie à la théorie ; mais ce qui peut surtout faire valoir le prix de cette expérience, c'est le milieu même où elle a été acquise. Quel meilleur titre pourrais-je invoquer auprès de vous, pour accroître l'autorité qui est la première condition d'un enseignement utile, que la bienveillance dont les Magistrats de l'ordre judiciaire, et parmi eux, en première ligne, le chef éminent de ce ressort, et le Président de la compagnie dont j'ai l'honneur de faire partie, ont bien voulu honorer mes faibles services. Et, puisque je suis amené à prononcer le nom de M. le Président Besset, je ne puis passer outre sans dire tout ce que je dois à ses lumières et à ses leçons. C'est auprès de lui que j'ai senti croître et mûrir le respect pour les lois protectrices de la vérité des jugements et de la sécurité des parties ; c'est grâce à lui que j'ai goûté cette satisfaction intime et profonde que donne la réduction des faits ondoyants, prolixes et multiples, à la fixité et à la concision des principes. Puissé-je faire pénétrer dans cet enseignement comme un reflet de cette érudition approfondie, de cette logique éclairée et rigoureuse, de ce style juridique accompli, de cette analyse sûre et pénétrante, qui font de M. Besset un exemplaire achevé du magistrat-jurisconsulte. En devenant votre professeur, Messieurs, je ne cesse pas de demeurer, dans le cercle de mes attributions judiciaires, l'élève de ces maîtres vénérés ; et, si quelque chose dans ce cours peut m'assurer votre attention soutenue, c'est à eux que vous en ferez remonter tout le mérite.

I

De tout temps, des prétentions opposées ont été élevées au sein des sociétés humaines, et j'entends des prétentions fondées sur la notion de justice, car on ne saurait comprendre que, sans la notion de justice, les sociétés humaines puissent exister. Mais il n'y a pas eu de tout temps une loi fixe qui dût servir de règle à ces prétentions. La loi, dans le sens juridique du mot, est une création de l'humanité, création qui s'est faite lentement et péniblement. Consultez les documents historiques les plus reculés : vous rencontrerez fréquemment dans les poëmes homériques les mots *Dikè* et *Thémis* ; vous n'y trouverez pas le mot *Nomos*. La justice n'a pas eu toujours pour organe le magistrat de la cité interprétant la coutume. Elle a commencé par être un don privilégié de l'individu inspiré par la Divinité ; celui-là seul qui a un commerce secret avec les dieux est habile, en ces temps primitifs, à discerner ce qu'il faut décider dans les cas difficiles. De tels hommes sont un bienfait du Ciel, refusé aux sociétés informes. Les cyclopes n'ont pas de *thémistes :* — c'est le nom qu'on donnait à ces jurisconsultes inspirés d'en haut, à l'époque où il n'y avait pas de jurisconsultes.

Cependant, dès que les premières coutumes se furent fixées, elles servirent de règlement pour la justice attributive qui fixe les droits. Mais ce que les sociétés humaines ne sont parvenues à créer que par une longue et difficile élaboration, c'est le règne de la loi, conçue non-seulement comme la règle qui fixe les droits; mais encore comme la règle qui sert à vider les différends. Rien de plus instinctif chez l'homme que la tendance qui le pousse, quand il croit avoir un droit, à ne pas admettre de discussion sur sa légitimité et à le ramener à exécution par tous les moyens dont il peut disposer. A ce point de vue, l'existence, même généralement répandue dans une société, des notions de la justice, est loin d'amener l'exclusion de la violence. Au contraire, si rien n'est organisé pour s'opposer à l'emploi de la force et de la ruse, c'est la force et la ruse qui seront les moyens naturels par lesquels l'homme lésé dans ce qu'il croit être son droit, en poursuivra la réalisation. La première démarche qu'ont faite les hommes pour arriver à réaliser leur droits sans s'exposer aux hasards de la force, ç'a été le recours à un arbitre. Les adversaires iront trouver celui-là qui est reconnu comme recevant les inspirations d'en haut, et le chargeront de décider entre eux. Homère, décrivantle bouclier d'Achille, nous retrace une pareille scène d'arbitrage volontaire. (*Iliade*, chant XVIII, v. 497-508.)

« Deux hommes étaient en discussion pour le prix du meurtre d'un individu; l'un prétendait, en présence du peuple, avoir satisfait complétement son adversaire ; l'autre niait avoir reçu quelque chose. Tous deux désiraient en terminer par le moyen d'arbitres. Les héraults contenaient le peuple divisé en deux camps ; les vieillards s'asseyaient sur des pierres polies dans le cercle consacré..... ils rendaient alternativement la sentence. Au milieu étaient placés deux talents d'or, destinés à celui qui aurait rendu la justice la plus exacte. »

Remarquez en passant ces deux talents d'or placés devant les juges ; ce n'est pas là un cas particulier : la récompense assurée à l'arbitre est de règle dans ces arbitrages primitifs. La gratuité de la justice n'était pas plus facile à concevoir à l'origine qu'elle n'a été, dans la suite, facile à mettre en pratique.

Comment, de ces faits particuliers d'arbitrage, les sociétés se sont-elles élevées peu à peu jusqu'à la notion de la loi souveraine, édictant la règle des droits et l'appliquant elle-même? C'est là un problème difficile, comme tous les problèmes d'origine. Mais il n'est peut-être pas impossible de reconstituer, au moyen de traits caractéristiques saisis au milieu de documents qui ont conservé les vestiges des coutumes premières, les grandes lignes de cette élaboration séculaire. C'est ainsi qu'en géométrie, étant donné l'équation d'une courbe qu'on ne saurait songer à construire graphiquement, on peut, du moins, parvenir à en déterminer les points principaux ou singuliers, et, en joignant ces points isolés par une ligne continue, on arrive à obtenir une représentation approximative de la courbe, et comme une figure de la loi qui a présidé à sa génération.

Les diverses races ont été, à des degrés divers, accessibles à l'attrait d'un idéal d'ordre et de paix réalisé par le moyen de la justice sociale. Chez les uns, tels que les Grecs et surtout les Romains, la marche vers le règne de la loi a été rapide ; les traces des transformations que les coutumes ont subies pour y amener sont plus effacées. Chez les autres, comme chez les Germains, ce n'est qu'avec peine que l'individu a abdiqué entre les mains de la société le droit de se faire justice lui-même. Le *Mallum* des Germains a un caractère particulier qu'il importe de signaler, et qui a échappé à Tacite. C'est bien un tribunal, mais un tribunal dont la fonction est de concilier. Pour faire cesser la guerre privée il déterminera, *si les adversaires veulent,* le prix que l'offenseur devra payer à l'offensé. Celui qui a causé le préjudice peut assigner devant le *Mall* celui qui l'a souffert : trait singulier, qui met en lumière la véritable physionomie de ce tribunal. C'est un tribunal arbitral, un tribunal facultatif qui ne prononce que s'il en est requis, mais qui reçoit le prix de sa peine, le *fredum*. La sentence rendue, si le défendeur n'avait pas promis d'exécuter le jugement, il n'y avait pas exécution par les chefs de la tribu. Mais nous voyons, dans les lois franques, que le demandeur devait, pour obtenir l'intervention active de la nation, adresser un recours au roi : obligation qui disparait plus tard sous l'influence des lois romaines. Quant au créancier qui veut ramener son droit à effet en saisissant les biens de son débiteur, il doit, d'après la loi salique, préalablement citer celui-ci devant le *Mallum,* et il faut que le *Thunginus,* officier du roi, ait autorisé la saisie. Mais certains commentateurs n'hésitent pas à soutenir que, si le saisi comparaissait devant le *Mallum*, c'était en qualité de demandeur; c'était lui, saisi, qui devait établir que la saisie était injuste: singulier renversement des rôles, qui reçoit quelque lumière de certaines autres coutumes relatives au même sujet ; coutumes dont M. Sumner Maine, dans son ouvrage sur les Institutions primitives, nous donne une analyse approfondie.

Ces coutumes ont rapport à la saisie du bétail du débiteur, opérée arbitrairement par le créancier et sans autorisation préalable : exemple frappant de justice réalisée par l'individu sans l'intervention de la loi. Chez les peuples agriculteurs, ce n'est guère que sur le bétail qu'une saisie peut être exercée : le bétail est la grande richesse des peuples primitifs. Aussi y a-t-il présomption que les coutumes relatives à la saisie du bétail sont d'une origine très-reculée. La législation anglo-normande conservait encore en cette matière, au temps de Henri III, un système de saisie compliqué, dont l'origine remontait sans doute très-haut. Le créancier pouvait saisir le bétail de son débiteur et le mettre en fourrière, mais le débiteur, s'il consentait à se soumettre au jugement des tribunaux, et s'il donnait caution à cet effet, obtenait, par l'intervention des magistrats, la restitution du gage saisi.

Un document plus ancien encore est fourni par le *Senchus Mor*, recueil de lois irlandaises d'une haute antiquité. Le créancier peut saisir le bétail du débiteur sans avertissement, mais le débiteur peut empêcher que ce bétail ne soit conduit à la fourrière, s'il donne une caution (son fils, par exemple), et s'il s'engage à en référer à la Justice. Actuellement encore, en Angleterre, le propriétaire a le droit de saisir sans formalité préalable le bétail qui a porté dommage à ses récoltes, mais il doit le restituer si le propriétaire saisi prend l'engagement de contester en justice le droit de saisie par une action en main-levée. On pourrait trouver chez les Lombards et dans les lois danoises des prescriptions présentant avec celles-ci quelque analogie.

Mais, sans insister davantage sur les documents que nous fournissent les lois barbares, reportons-nous à une époque singulière de l'histoire du moyen âge, où les instincts primitifs, débarrassés en quelque sorte des liens imposés par les habitudes sociales, se sont manifestés dans leur originalité native. Nous voulons parler de ce retour à la guerre privée qui devint d'un usage régulier et normal au Xe siècle, et qui donna lieu d'abord au grand mouvement dit *de la Paix de Dieu*, qui ne put aboutir complétement, et ensuite à un mouvement plus restreint d'où sortit la *Trève de Dieu*. Les tribunaux qui naquirent de cette aspiration générale vers la Justice sous le nom de *Paix*, eurent un caractère essentiellement facultatif ; on s'engageait par serment à les préférer à l'emploi de la force : preuve évidente qu'il était loisible à tout prétendant de s'en tenir à la guerre privée, dans les limites de temps et d'espace où elle avait été circonscrite. Il fallut du temps avant que les rois pussent édicter l'*assurement*, institution en vertu de laquelle, toutes les fois qu'un des adversaires voulait recourir à la Justice et l'autre à la Guerre, c'était la Justice qui l'emportait. Dans ces temps de violence, la saisie arbitraire par le créancier était donc de droit commun. Mais, lorsqu'une réaction légitime, secondée par l'influence réciproque des coutumes germaniques, du droit romain et du droit canonique, eut donné naissance aux actions protectrices de la *saisine*, nous voyons apparaître la procédure d'*applégement*, dont l'analogie avec les coutumes citées plus haut n'échappera à personne. Le saisi, en donnant *plége* (caution) de suivre une procédure devant les tribunaux, obtenait la remise de la chose saisie entre les mains de la Justice, et même entre ses propres mains, au cas où le créancier saisissant ne donnait pas caution qu'il en déférerait, lui aussi, aux tribunaux.

Si l'on compare maintenant ces différentes coutumes, il est possible d'y retrouver les traits caractéristiques du développement de l'autorité judiciaire dans les sociétés, à partir du fait primitif de l'arbitrage. Dès que les sociétés sont devenues stables et les coutumes constantes, la cité a été mise en possession d'une loi fondée sur ces coutumes et a institué un arbitrage fonctionnant régulièrement : arbitrage facultatif d'abord, organisé dans l'intérêt des citoyens, et qui leur était, non pas imposé, mais seulement proposé pour vider pacifiquement leurs différends. Tel fut à l'origine le *Mallum* germanique, tels les tribunaux dont parle le *Senchus Mor*, tels sans doute les premiers tribunaux romains. Car, si l'affinité qu'a toujours eue la race romaine pour les notions juridiques a fait précipiter chez elle l'établissement du règne de la loi, on a pu cependant, sous le symbolisme des *legis actiones*, retrouver quelques vestiges de ce premier stade tel que nous le concevons. M. Sumner Maine a fait ressortir les analogies qui existent entre l'arbitrage primitif que décrit Homère et les formes symboliques de la procédure *per sacramentum*. Dans cette procédure, les parties commençaient par simuler un combat, interrompu par l'ordre du préteur, et déposaient chacune une somme d'argent qui devait être perdue en même temps que le procès, et qui revenait, non pas au gagnant, mais au temple dans le principe, plus tard au Trésor public. Ne retrouve-t-on pas là, fixés par la coutume et comme immobilisés par elle à mesure que les progrès de la civilisation leur ont enlevé toute portée pratique, les traits principaux de l'arbitrage des poëmes homériques. « Deux hommes se disputent, dit M. Sumner Maine, au sujet d'un objet contesté ; le préteur, *vir pietate gravis*, passe par hasard et intervient pour arrêter la dispute ; les deux hommes lui exposent l'affaire et conviennent qu'il sera arbitre entre eux, et que le condamné perdra non-seulement l'objet de la dispute, mais une somme d'argent attribuée à l'arbitre comme rémunération de son travail et de son temps. » N'est-il pas permis de conjecturer, en retrouvant sous la procédure des actions de la loi ce squelette des formes primitives et élémentaires, qu'à Rome comme chez les peuples barbares il y a dû avoir, à une époque dont les monuments ne sont pas parvenus jusqu'à nous, des tribunaux arbitraux facultatifs, dont l'autorité a été rapidement et facilement imposée par la loi ?

Le second stade que l'on peut distinguer dans la marche des sociétés vers le règne de la Justice sociale, c'est celui où, la loi étant désormais fixée et les tribunaux fondés par la cité jugeant d'après elle, il ne reste plus qu'à rendre obligatoire le recours à ces tribunaux. A cette période, l'arbitrage social a ses règles : c'est une institution déjà devenue puissante par l'usage, mais il n'est pas l'unique moyen qui soit usité pour vider les différends ; l'emploi de la violence n'est pas encore banni ; la Force marche le front haut, parallèlement et simultanément avec la Justice. Il faut la désarmer complétement, il faut qu'elle abdique entre les mains de la Loi, et que tout procès aboutisse désormais à un jugement, jamais à un combat.

C'est là que se manifeste la prudence des législateurs. Investis déjà, dans la plupart des cas, d'un pouvoir considérable, religieux ou politique, l'un et l'autre le plus souvent, ils ne supprimèrent pas d'un seul coup les voies de fait. Sans doute leur autorité se serait brisée impuissante en se heurtant à des coutumes enracinées depuis l'origine de la cité ; mais ils usèrent de leur autorité pour créer une sorte de prime en faveur des voies judiciaires, un droit de préférence soumis à certaines conditions. C'est par ce détour qu'ils purent parvenir à mettre leur puissance au service de la Justice. C'est ce que nous voyons opérer en France par les rois, quand, au sortir de l'anarchie judiciaire du Xe et du XIe siècle, ils soutiennent de leur autorité la procédure d'*assurement*, celle d'*applégement* et de *contre-applégement*. C'est ce qui ressort encore des statuts du *Senchus Mor* et des lois anglo-normandes sur la saisie.

Des traces de la saisie arbitraire se trouvent dans le vieux droit de Rome : je veux parler de la *pignoris capio*. Mais ces traces sont tellement effacées, qu'il est difficile de pouvoir affirmer nettement que les coutumes, dont cette action de la loi conserve les vestiges, aient joué un rôle dans la création d'une autorité judiciaire obligatoire. On peut seulement faire remarquer que des termes dans lesquels était conçue l'action fictive accordée aux publicains (Gaius, IV, 32), il résulte que la saisie aboutissait à un jugement : elle était donc un moyen de nantir les tribunaux d'un différend, lequel, à la suite d'une voie de fait arbitraire, était amené à recevoir une solution judiciaire. C'était donc un procédé pour faire vider ce différend par la Loi, pour *Lege agere*. De là sans doute lui venait son titre : *Legis actio per pignoris capionem*. A ce point de vue on peut rattacher, quoique par des traits encore bien vagues, la *pignoris capio* aux saisies que nous avons vues servir de détour pour restituer à l'autorité judiciaire des différends réglés jadis par le seul emploi de la violence.

C'est par de semblables détours que le domaine de la Justice sociale recula ses frontières. Du jour où il fut loisible à une des parties de rendre le recours aux tribunaux obligatoire pour l'autre partie, ce recours devint rapidement obligatoire pour tout le monde ; et, du consentement universel, le règne protecteur de la Loi se trouva ainsi arrivé. Il ne restait plus qu'à le consacrer par les documents législatifs.

De nombreuses générations ont vécu dans cette atmosphère de légalité souveraine. La conception de l'ordre réalisé dans la société par la Loi s'est généralisée ; ses traits, d'abord vagues, ont peu à peu pris une forme plus précise ; l'expérience n'a pas d'abord appliqué sans imperfections ce haut idéal, et bien des alliages impurs sont restés longtemps mêlés à la notion de la Justice sociale. Mais on peut néanmoins dire que les éléments essentiels de cette notion avaient été entrevus dès le jour où il fut décidé, en principe, que la force devrait subir le joug de l'autorité judiciaire.

De nos jours, Messieurs, la Loi est conçue comme juge souveraine de l'existence des droits. Pour remplir cette fonction, elle institue des magistrats qui lui servent d'organe et qui, par leurs sentences, décident de la réalité des droits contestés. Ces sentences sont ce qu'on appelle des *jugements* dans l'acception générale de ce mot. Lorsque, par ces jugements, un droit est devenu légalement incontestable, tout au moins au point de vue relatif des parties qui l'invoquent ou le contestent, la Loi détermine les voies et moyens qui seuls pourront être employés pour le réaliser, pour le ramener à effet, et dont l'emploi est surveillé, dirigé ou réglé par le même ordre de Magistrats. De telle façon que, lorsqu'un différend s'élève dans le sein de la société, rien de ce qui a rapport au règlement de ce différend n'est laissé à l'arbitraire ni à la violence : rien ne doit et ne peut se faire que par la Loi et selon la Loi (1).

Ce sont ces idées générales, Messieurs, qui ont présidé à l'établissement de ce qu'on appelle la *procédure*. La procédure n'est pas autre chose que la méthode instituée par le législateur pour ramener les droits à effet. La procédure civile, dont nous devons nous occuper, est cette méthode considérée dans la sphère limitée des droits privés.

Si telle est, Messieurs, la notion générale de la procédure, n'est-elle pas de nature à lui assurer, dans la science du droit, une place considérable ? Car une science ne vaut que par sa méthode. Toute idée cherche à se réaliser et se crée, à cet effet, un moyen approprié par lequel elle pénètre dans la sphère de l'expérience. Quand les idées sont classées en un certain système, leurs moyens se présentent à nous, systématisés eux aussi, sous la forme d'une méthode. Méthode et science, ces deux termes sont inséparables, et les deux choses ne le sont pas moins. Le progrès ne se fait que par l'action et la réaction mutuelle de l'une sur l'autre.

Nous venons d'en voir un exemple frappant. J'ai cherché, dans ce coup d'œil sur les origines de la procédure, à vous faire voir les premières idées rudimentaires de la Loi se fixer dans une procédure rudimentaire, l'arbitrage social ; puis cette procédure, toute rudimentaire qu'elle était, fournir à une

---

(1) L'arbitrage lui-même n'a plus d'autre valeur que celle que la Loi veut bien lui laisser, et ne tient que d'elle ses titres à l'existence.

notion plus avancée de la Justice sociale un procédé par lequel elle a agrandi et conquis définitivement son domaine ; il a suffi de doter d'abord ce procédé d'un droit de préférence, puis de le rendre obligatoire. Mais, si nous avions le temps et si c'était ici le moment de vous exposer le rôle de la procédure dans l'élaboration de la science juridique, à combien d'autres égards ne pourrions-nous pas vous montrer l'influence considérable qu'elle a exercée ? Nous pourrions vous exposer comment le droit s'est développé, grâce à l'invention d'un système de procédure qui lui imposa ce travail merveilleux d'analyse qui est l'éternel honneur des jurisconsultes de l'époque classique, et comment le système formulaire fut à la fois la condition et l'instrument de leur œuvre immortelle. Nous pourrions encore vous faire observer que, de nos jours, alors que le droit est arrivé au degré de perfectionnement où une codification semble être devenue possible, pour maintenir l'unité de la législation à travers le courant des opinions et des mobiles divers de la jurisprudence, c'est encore à une des ressources de la procédure qu'il a fallu recourir en instituant le pourvoi en cassation ; de telle sorte qu'il est permis de dire que c'est par le moyen de la procédure que le règne de la loi a été établi et que le droit a été réalisé ; que c'est au moyen de la procédure que le droit s'est développé, et que c'est, enfin, par le moyen de la procédure, que le droit doit être conservé et maintenu.

II

Le mot *procédure* vient du verbe *procéder*, lequel lui-même tire son étymologie du latin *procedere*, marcher en avant, marcher vers un but. Le mot français a même une signification plus spéciale : il veut bien dire *marcher vers un but,* mais marcher par des moyens déterminés.

En général, les substantifs formés comme le nôtre au moyen du radical d'un verbe, auquel on ajoute la même terminaison (*ure*), servent à désigner le fait résultant de l'action signifiée par le verbe. Une *procédure,* c'est donc ce que l'on a produit en *procédant;* ici, dans le domaine juridique, le but vers lequel on marche, c'est la constatation et la réalisation d'un droit. La procédure sera la série des actes que l'on aura accomplis en marchant pour parvenir à ce but. Par métonymie, le même mot sert à désigner l'ensemble des règles selon lesquelles ces actes devront être faits. Nous ne devrons jamais oublier que, dans tous les cas où ce mot est employé, il est susceptible de recevoir ces deux acceptions : ensemble des actes, règle de ces actes. C'est dans la deuxième acception que Pothier, définissant la procédure par énumération, disait : « C'est l'ensem-
» ble des règles suivant lesquelles on doit intenter les de-
» mandes, y défendre, intervenir, instruire, juger, se pourvoir
» contre les jugements, enfin les exécuter. »

Les règles de la procédure doivent comprendre trois ordres de prescriptions de nature diverse. Il faut premièrement déterminer quels sont les corps ou les individus investis par la Loi de la mission de rendre des jugements, c'est-à-dire quels sont les magistrats auxquels elle a confié la *juridiction;* il faut ensuite connaître sur quels faits doit taxativement s'exercer cette juridiction, dans quelles limites elle est circonscrite pour chaque espèce de magistrats ; enfin il faut décrire les actes qu'on doit accomplir devant chaque juridiction pour arriver à la constatation ou à la réalisation d'un droit. Trois questions se présentent donc devant nous au début de nos études : 1° Quels sont les juges ; 2° De quoi sont-ils juges ; 3° Suivant quelles règles jugent-ils ?

A la première de ces questions, la procédure répond en retraçant les règles de l'organisation judiciaire, c'est-à-dire en énumérant les diverses espèces de tribunaux, en faisant connaître les conditions légales de leur institution, et en décrivant la nature et les fonctions des auxiliaires qui leur sont donnés. A la seconde question, elle répond en exposant les règles de la compétence, c'est-à-dire en distinguant les cas sur lesquels chacune de ces diverses espèces de tribunaux est appelée à statuer. A la troisième question, elle répond en indiquant quelles règles il faut observer et quels actes il faut accomplir pour arriver à obtenir un jugement, et, ce jugement obtenu, pour le ramener à exécution. Cette troisième partie de la procédure s'appelle plus spécialement procédure *sensu stricto*, comme se rapprochant plus particulièrement de l'acception étymologique de ce mot. Mais les deux premières parties s'y rattachent comme étant des préalables nécessaires et indispensables, sans lesquels on ne saurait ni la comprendre ni l'appliquer. Elles nous en font connaître, en effet, le milieu et la condition, et toutes trois méritent d'être comprises dans un même enseignement.

Outre les règles qu'elle a édictées pour parvenir au jugement et pour réaliser les droits légalement incontestables, la Loi a encore établi certaines règles destinées, en dehors de tout différend actuel, soit à garantir les droits en vue de différends à venir, soit même à prévenir ces différends. Ces règles composent ce qu'on appelle la *procédure extrajudiciaire*.

Il y a donc quatre parties dans la science de la procédure : 1° l'organisation judiciaire ; 2° la compétence ; 3° la procédure (*sensu stricto*) judiciaire ; 4° la procédure (*sensu stricto*) extrajudiciaire.

Dans le programme de notre cours, tel qu'il est fixé par les règlements officiels, la procédure n'est pas comprise tout entière. Nous croyons cependant devoir dépasser les limites de ce programme et vous expliquer, en sus des matières qui y figurent, certaines parties essentielles, sans la connaissance desquelles vous n'auriez qu'une idée incomplète et insuffisante de la science. Nous commencerons par vous retracer brièvement l'histoire de l'organisation judiciaire en France, et nous vous exposerons le tableau de l'organisation actuelle. Nous insisterons davantage sur les principes de la compétence, en comprenant dans notre enseignement, non-seulement ce qui y est contenu d'après les programmes officiels, mais encore ce que ceux-ci laissent en dehors de leur cadre. Enfin nous vous exposerons les principes des parties de la procédure proprement dite, dont la connaissance est exigée pour l'examen, c'est-à-dire le livre II du Code : la procédure devant les tribunaux d'arrondissement et les tribunaux de commerce, et les livres III et IV : des Voies de recours contre les jugements. Nous ferons précéder cette exposition de l'étude des dispositions générales placées à la fin du Code de procédure, et, si nous en avons le temps, nous terminerons en retraçant brièvement les règles de la procédure devant la Cour de cassation.

III

Mais, avant de commencer ces leçons, je crois devoir chercher à vous prémunir contre un préjugé trop généralement répandu, qu'il importe de ne pas laisser subsister dans votre esprit. L'impatience des plaideurs, la conviction (où ils se laissent facilement conduire par la voix de leur intérêt) que leur droit ne saurait faire l'objet d'un doute, l'irritation que produisent en eux des lenteurs inévitables dans un procès instruit conformément aux règles, qui garantissent les intérêts de toutes les parties, et, ajoutons-le aussi, l'ignorance où sont la plupart des justiciables de ces règles résultant d'une longue expérience : tous ces mobiles conjurés ont ourdi une conspiration contre notre science, conspiration dont le mot d'ordre est que la procédure, en soi, est plus nuisible qu'utile ; que l'étude en est rebutante, et, bien plus, qu'elle en est impossible.

Ce n'est pas d'aujourd'hui que ces reproches ont été articulés, et leur réfutation en a été toujours facile. Il serait un moyen aisé de démontrer aux plaideurs que leur intérêt même a commandé l'institution d'une procédure, ce serait de la supprimer : livrés à l'arbitraire du juge, dépourvus de toute autre garantie que celle qu'il lui plairait de créer dans une espèce pour la supprimer dans une autre, incertains à chaque pas de ce qu'ils ont à faire, ne pouvant rien réclamer dans cette matière au nom de la Justice, et forcés à tout recevoir d'un bon vouloir soumis aux caprices de chaque jour, ils seraient bientôt les premiers à réclamer la création d'une règle fixe, dont ni juge, ni partie, ne puisse se départir. J'en ai pour garant l'expérience universelle des peuples civilisés : tous ceux qui ont travaillé à l'organisation rationnelle de la loi ont créé une norme de son application, un code de procédure ; les plus jeunes profitant de l'expérience de leurs devanciers, comme les plus anciens cherchant à corriger les errements vicieux de leur passé. La procédure est donc une science universelle, j'ose même dire que c'est elle qui a présidé à l'établissement du règne de la Loi, et je crois pouvoir conclure en disant que, si elle n'existait pas, la première démarche de la société, arrivant à la civilisation, serait à coup sûr de l'inventer.

Mais, parmi ceux-là mêmes qui en reconnaissent l'utilité, beaucoup, ai-je dit, en considèrent l'étude comme rebutante et impossible : rebutante, parce qu'elle n'a pour objet que des formalités arbitrairement édictées par le législateur, des délais surajoutés les uns aux autres, et que le tout est enveloppé dans un style barbare qui fait honte au génie littéraire de notre nation; impossible, parce que tout cela, formalités et délais, ne saurait se fixer dans la mémoire au cours de quelques leçons ; qu'il n'est qu'un moyen de se les rendre présents à l'esprit : la pratique assidue et journalière, ce qu'on appelle la routine ; en un mot, parce qu'on ne saurait les étudier avec utilité qu'en formulant en qualité de clerc dans une étude d'avoué, et non en suivant les cours d'une Faculté de droit.

Je crois, Messieurs, ne pas avoir reculé devant l'expression énergique des préjugés que je veux combattre, et je les ai reproduits dans toute leur violence, avec la certitude qu'il sera facile de convaincre quiconque y réfléchira de bonne foi que ces objections portent à faux.

Permettez-moi d'abord de faire remarquer que dans la science du droit (et je prends ce mot dans son acception la plus générale), il y a deux parties à distinguer, une partie analytique et une partie synthétique. Les obligations dérivent ou des conventions ou des faits ; mais, tantôt des conventions ou des faits nus, si je puis parler ainsi, c'est-à-dire sans aucune addition opérée par le législateur, tels en un mot qu'ils se produisent dans le cours ordinaire de ce monde ; tantôt, au contraire, des conventions ou des faits combinés avec des éléments nouveaux, dont le législateur exige l'addition. Ainsi il ne suffit pas de convenir des conditions d'un mariage : pour que cette convention produise des effets, il faut qu'elle ait été constatée par un acte notarié. Telles sont les synthèses juridiques. Ces synthèses s'opèrent généralement par l'adjonction de certaines formalités accessoires à un fait ou à une convention; et, quand elles se combinent entre elles comme dans l'adoption, par exemple, c'est encore au moyen de formalités déterminées que cette combinaison s'opère. La procédure tout entière n'est qu'une série de ces combinaisons synthétiques et ne peut pas être autre chose; il est donc certain, *à priori,* qu'elle ne peut pas être constituée par autre chose que par une série de formalités accomplies conformément à la loi et combinées avec certains droits préexistants. Mais, si elle doit être tenue en médiocre honneur par suite de cette nature formaliste, je demande, au nom de l'impartiale équité, que l'on ne soit pas plus indulgent en faveur des autres parties du droit, et en particulier du droit civil. Ouvrez le Code civil, il n'est aux deux tiers plein que de formalités : si vous confondez ces deux mots, formalités et procédure, dans une commune acception, ce n'est, dans ce sens abusif, que de la procédure que vous y rencontrez à chaque pas : la promulgation des lois, procédure ; le mariage, procédure ; les conseils de famille, la tutelle, procédure. Il y a une procédure pour les actes de l'état civil, une procédure pour les déclarations d'absence, une procédure pour l'interdiction, une procédure pour les testaments, les donations, les contrats de mariage. Que dirais-je des hypothèques ? Il y a là, dans la complexité des formalités, de quoi faire pâlir le faux incident lui-même !

Qui contestera cependant l'attrait et le haut intérêt des études sur le droit civil. D'où lui vient cet intérêt et pourquoi lui serait-il exclusif ? Est-ce parce que, à côté de ces synthèses, le droit analytique y déploie ses ressources et l'industrie variée de sa méthode ? Mais croirait-on que l'analyse soit bannie des études sur la procédure ? Je maintiens au contraire, et vous pouvez vous en convaincre par l'expérience, que l'analyse appliquée à la procédure n'est ni moins large, ni moins féconde, ni moins attachante, qu'en toute autre partie de la science juridique. Dans les rapports du Code de procédure avec le Code civil, et dans les matières spéciales, au sujet de la compétence par exemple, des effets des jugements, de l'appel, de ses conditions, de son exercice et de ses effets, vous trouverez des études analytiques où la déduction la plus rigoureuse se marie à la fécondité la plus originale, et vous acquerrez ainsi la conviction que la procédure, elle aussi, a ses hautes théories, pleines d'attrait et d'intérêt.

Je dirai plus : pour un esprit exact, la procédure a des agréments, — je ne crains pas d'employer ce terme, — des agréments tout particuliers, parce qu'elle est peut-être (et ceci contrairement aux préjugés le plus généralement répandus) la partie la plus rigoureuse du droit synthétique, celle où les synthèses, en apparence arbitraires, sont le plus rigoureusement déduites de principes indiscutables, celle où la logique en est la plus serrée, à tel point que toutes les nations contemporaines qui ont tâché de se donner un Code de procédure rationnelle ont à peu près suivi les mêmes règles et abouti, par leurs recherches, à des résultats presque identiques dans le fond. Étudiez les Codes de la France et de la Belgique, de l'Italie et de l'Espagne, de l'Allemagne, les réformes judiciaires de la Russie, et vous reconnaîtrez qu'il y a une procédure vraie en soi, puisqu'il y a une procédure générale, une procédure commune à tous les peuples civilisés.

Et la raison en est facile à discerner : dans le droit civil, lorsque le législateur est obligé de faire une de ces synthèses qui déterminent en quelque sorte un organe spécial dans l'organisme de la société, lorsqu'il définit les caractères légaux de l'état des personnes, les conditions légales du régime et de la circulation des biens, il soulève les questions les plus grosses, et ses conceptions rationnelles se trouvent souvent en conflit avec de puissantes traditions. Les combinaisons auxquelles il s'arrête aboutissent souvent à une transaction imposée par la force des choses. « J'ai donné aux Athéniens, disait Solon, non les meilleures lois qu'on puisse donner, mais les meilleures qu'ils puissent supporter. » Le point de vue auquel le législateur se met se déplace à chaque instant ; les principes qu'il doit combiner se présentent avec une effrayante complexité, qui empêche de les saisir nettement et clairement, purs de tout alliage ; et dans leur conflit, il doit à chaque instant changer de procédés et de méthode. Dans la procédure, Messieurs, cette complexité redoutable est singulièrement atténuée, et l'on peut dire que les synthèses y sont régies par une méthode unique et générale.

D'abord les effets de la tradition s'y font moins sentir que partout ailleurs, les entraves qu'elle apportait à l'organisation d'une procédure rationnelle, la multiplicité des juridictions, le formalisme du droit canonique, l'autonomie des grands corps judiciaires, il a été fait table rase de tout cela ; et, dans l'ordre civil, on peut dire que la loi du 16-24 août 1790 a déblayé le terrain. En second lieu, les éléments qu'elle a à combiner sont des éléments fixes et immuables, qui peuvent être réduits à quatre. Ce sont : 1° l'intérêt du demandeur, 2° l'intérêt parallèle du défendeur, 3° l'intérêt de l'administration de la Justice, 4° l'intérêt de la société elle-même, élément qui n'est pas étranger aux trois premiers, mais qui doit être pris quelquefois en considération, spécialement et à part.

Il faut que le demandeur puisse faire valoir sa prétention, à charge de la justifier ; il faut que le défendeur puisse se défendre ; et l'un et l'autre doivent pouvoir agir avec la plus grande rapidité et la plus grande économie possibles. Leur action enfin doit être contenue dans des limites qui assurent aux tribunaux la direction la plus facile et la plus commode, et la surveillance la plus complète. Enfin l'intérêt de la société doit être toujours et en tout cas sauvegardé. Voilà les principes de la procédure. C'est de leur combinaison rationnelle qu'émanent les principes sur lesquels repose le Code qui nous régit : là, plus que partout ailleurs, la méthode *à priori* a pu être et a été appliquée, et elle a créé un ensemble qui peut bien être modifié heureusement sur quelques points, mais qui ne saurait jamais l'être que par un emploi plus industrieux des principes et des éléments mêmes d'après lesquels et avec lesquels il a été construit.

Quant au procédé essentiel de la procédure, toutes les nations modernes sont d'accord qu'il doit consister en ceci que, chaque démarche faite pour attaquer, défendre, ou décider, doit laisser uue trace qu'il soit possible de retrouver au besoin. Il est bon de rechercher la cause intime de cette loi de la procédure, elle nous révélera le rôle particulier que celle-ci joue dans le système général du droit.

En instituant l'autorité judiciaire, organe souverain de la Loi, le législateur a exigé que tout droit, dès qu'il est contesté, ne pût et ne dût recevoir que d'elle une existence légale. Il a imposé aux droits, pour ainsi dire, la nécessité d'une seconde naissance en justice et, par cette disposition, les a en quelque sorte dédoublés. A chaque droit existant en soi il a joint, au cas où il serait contesté, le droit d'être réalisé par certains moyens spéciaux qu'il mettait à son service. C'est ce droit *donné* par le législateur qu'on appelle une action. Il a son fondement dans la Justice, sa nécessité d'existence dans l'essence même des sociétés, sa mesure dans l'intérêt social. C'est ce droit qu'on appelle une action. « On entend par action, disait la Cour de cassation dans ses observations sur le projet du Code de procédure, le droit de poursuivre devant les tribunaux ce qui nous est dû ou ce qui nous appartient. » Créatrice de ce droit, la Loi en dispose selon les exigences de l'intérêt social, et peut, dans certains cas, rares bien entendu, en destituer ceux entre les mains de qui il deviendrait dangereux. Mais ce n'est là qu'une exception; le principe est que quiconque a un droit, un intérêt légitime à poursuivre, reçoit du législateur la faculté de le poursuivre en effet. « L'intérêt, dit une maxime de notre droit, est la mesure des actions. »

Ceci posé, on comprendra aisément que les actes accomplis au cours de la procédure produisent, au fur et à mesure qu'ils s'accomplissent, un effet particulier. Ils ajoutent à la valeur du droit originaire. De ce qu'une procédure est instituée il suit que l'on doit parcourir, pour avoir un droit parfait au point de vue de sa réalisation, la série des actes déterminés par le législateur ; par voie de conséquence, toutes les fois qu'un pas est parcouru dans cette voie, qu'un acte est accompli, on se rapproche de la réalisation du droit, de la réalisation de son utilité, de sa mise en valeur définitive : on augmente la valeur du droit originaire. Ainsi un droit, avant d'être constaté en justice, n'a pas la valeur qu'il acquiert par un jugement qui en reconnaît la légitimité ; ce jugement rendu, s'il faut recourir, par exemple, à la voie de la saisie immobilière, le créancier sait qu'il aura à attendre, avant de toucher le montant de sa créance, un temps plus ou moins long. A mesure que la procédure de la saisie s'accomplit, le moment du payement se rapproche, et, comme la valeur du temps se mesure en argent, la créance qui sera plus promptement payée a gagné une plus-value relative. L'accomplissement des actes qui donnent cette plus-value doit laisser une trace, une preuve préconstituée qui serve de titre à celle-ci. De là la nécessité d'écritures qui puissent servir de preuve de cet accomplissement des actes obligatoires, et qui permettent de savoir à chaque moment, et d'établir au besoin, le degré précis où la procédure est parvenue. En résumé, un droit contesté donne naissance à une action ; l'action se traduit elle-même par une instance essentiellement évolutive, et cette instance doit laisser, au cours de son évolution, une mesure certaine du chemin parcouru.

Une autre raison de cette nécessité, pour les actes de procédure, de laisser derrière eux la preuve écrite de leur accomplissement, tient à la nature même de la procédure : puisqu'elle a été édictée par le législateur comme une règle imposée à tous, la violation de cette règle crée des droits au profit de ceux au préjudice de qui elle aurait été violée. Il faut donc, s'il est vrai que la procédure est une garantie pour toutes les parties, que toutes les parties puissent contrôler les actes qui ont été faits, et que les magistrats, eux aussi, exercent sur la confection de ces actes leur contrôle protecteur. De là l'obligation, pour quiconque accomplit un de ces actes, d'en dresser un instrument écrit qui serve de preuve de son accomplissement et de la manière dont il a été accompli.

C'est donc à la fois un droit et une obligation, pour quiconque fait une des démarches exigées par les lois de la procédure, d'en dresser un instrument écrit. Voilà pourquoi la procédure est faite tout entière, à peu d'exceptions près, au moyen d'actes écrits ; et c'est à ce sujet qu'on lui infère un nouveau grief qui mérite quelques explications.

On reproche aux actes de procédure d'être écrits dans un style obscur et souvent incompréhensible ; on ajoute que le Code de procédure lui-même est souvent rédigé dans un langage barbare, hérissé de termes techniques, inconnu à la plupart des justiciables, et qui fournissent à l'esprit de chicane des ressources toujours nouvelles.

Je ne conteste pas, Messieurs, que la procédure n'ait son langage technique. Mais quelle est la science qui n'a pas le sien? Ce n'est pas seulement un vocabulaire spécial : ce sont encore certaines façons particulières de s'exprimer, d'associer ensemble les idées qu'ont de tout temps réclamées les diverses sciences, au fur et à mesure qu'elles ont rassemblé en corps de doctrine les lois qui les constituent. La procédure n'échappe pas à cette nécessité, et c'est là une des causes qui rendent indispensable son étude au point de vue didactique; mais je prétends que les inconvénients qui en dérivent, et qui proviennent de la nature même des choses, vont en s'affaiblissant de jour en jour. L'ancienne procédure semblait, en quelque sorte, rechercher plutôt qu'éviter cette technicité du langage que les praticiens ont toujours entretenue dans un intérêt facile à comprendre. Cicéron, de son temps, les appelait *cantores formularum, aucupites syllabarum.* Sous l'ancienne monarchie, lorsque les parlements empruntèrent aux décrétales leur vaste arsenal de formalités, la procédure, non encore réduite en corps de doctrine, ne pouvait être apprise qu'au jour le jour et par le moyen d'une longue routine. Or l'on sait à quel point la routine, loin de favoriser les tendances à la généralisation, se plaît au contraire à saisir les choses par des points de vue particuliers et restreints ; ennemie de toute vulgarisation, son règne est éminemment favorable à l'établissement d'un style qui lui demeure propre et dont l'usage soit interdit aux profanes. Ajoutez à cela que cette routine variait selon les ressorts de chaque parlement, et que chaque grand corps judiciaire en avait une qui lui était spéciale. En même temps qu'elle proclamait la nécessité de diminuer *la multiplicité des procédures, de rendre l'expédition des affaires plus prompte, plus facile et plus sûre par le retranchement de délais et d'actes inutiles,* l'ordonnance de 1667 proclamait dans son préambule la nécessité d'établir *un style uniforme dans toutes les cours et siéges.* De nos jours, combien tout cela a changé ! Sans doute, tout en élaguant la forêt touffue que l'ordonnance de 1667 avait laissée debout, le législateur de 1806 a bien dû emprunter à l'ancienne pratique les termes techniques dont il avait un besoin nécessaire. Mais aujourd'hui, avec quelque étude, il est aisé de se mettre au courant du vocabulaire demeuré spécial à la procédure, et, loin que l'on cherche à maintenir la langue du palais dans une région de ténèbres, il y a une tendance générale à la rapprocher de plus en plus de la langue vulgaire. Je regarde même comme un des plus bienfaisants résultats d'une étude théorique de la procédure, l'effet qui s'en fait ressentir, par l'expulsion progressive de ces termes inutiles, de ces clauses de style sans portée, dont chaque jour se débarrasse le langage de nos praticiens.

Cette simplification du langage est singulièrement facilitée par *l'uniformité du style,* cette uniformité vainement recherchée par les rédacteurs de l'ordonnance, et aujourd'hui acquise à peu près complétement. Ne croyez pas, Messieurs, que par *uniformité de style* Pussort et ses collaborateurs entendissent seulement l'uniformité du langage. On entendait par *style* spécial à un ressort les divers actes exigés dans ce ressort, et non dans les autres ; ceux dont le nom, ne revenant que dans les écritures qu'on y faisait, y constituaient une façon particulière de rédiger, parce qu'elle dérivait d'une façon particulière de procéder. Aujourd'hui, s'il y a quelques différences de détail dans le style des diverses juridictions, ce n'est que dans le cas où elles ne sont pas défendues par la loi, tandis que les anciens parlements avaient sciemment contrevenu aux dispositions de l'ordonnance. Ces différences sont très-rares, et, d'ailleurs, elles tendent à disparaître par l'effet de la facilité et de la multiplicité des relations. Si quelque particularité, produisant d'heureux effets, se trouve employée quelque part, son usage se généralise facilement. C'est ainsi que, dans la procédure à suite d'adjudication, l'obligation de ce qu'on appelle *la dénonce de transcription*, propre d'abord au style de Paris, si je ne me trompe, est prescrite aujourd'hui communément par le cahier des charges.

En cherchant à dissiper les préventions que vous auriez pu concevoir contre l'étude de la procédure, je crois, Messieurs, vous avoir en même temps démontré que cette étude, pour être bien faite, devait être faite avec méthode et par les procédés didactiques. C'est ce que les directeurs du haut enseignement ont compris quand ils ont créé dans nos Facultés de droit (qui n'en avaient pas à l'origine), des chaires de procédure. Mais, en insistant sur l'utilité et la nécessité de nos études, où la théorie doit forcément marcher la première, je n'ai garde, croyez-le bien, de vous détourner des études plus spécialement pratiques qui se font en dehors de la Faculté, sous la direction des officiers ministériels. Je ne saurais trop vous engager à regarder ce travail comme un auxiliaire précieux de notre enseignement, et je puis vous assurer que, si vous l'entreprenez avec le désir sincère de vous instruire, vous trouverez, près de cette Faculté, un milieu éminemment favorable à ces utiles occupations. La communauté des avoués qui occupent près de notre tribunal, si chargé d'affaires, me prête depuis longtemps une collaboration précieuse dans le service compliqué des ordres. J'espère qu'elle voudra bien me la continuer sous une nouvelle forme, en fournissant à ceux de nos élèves qui auront la ferme volonté de s'initier aux connaissances spéciales qui sont le complément nécessaire d'un cours de Faculté, les moyens de se livrer d'une manière utile à la pratique de la procédure.

Je compte aussi, Messieurs, lorsque vous arriverez à des études juridiques plus hautes, essayer avec vous, dans des conditions toutes particulières, celles que me fournit le service des ordres, d'un genre d'enseignement véritablement *clinique* (si je puis faire émigrer ce mot dans nos régions), enseignement qui n'a pu encore être usité et que je crois de nature à réaliser heureusement ce *praticum* en honneur dans le programme des études allemandes, et qui est demeuré un des *desiderata* du haut enseignement juridique en France. Mais, en appréciant, comme elles méritent de l'être, les études pratiques, je tiens à insister sur leur caractère secondaire. Croyez bien que, si elles ne sont pas précédées de bonnes études théoriques, elles sont infiniment plus longues, et demeurent toujours insuffisantes. La voie simple et naturelle que doit prendre le praticien, c'est de chercher d'abord à bien comprendre le langage de nos Codes, à bien se pénétrer des principes, à saisir dans ses procédés variés la méthode par laquelle on les combine, et de n'aborder qu'après s'être assuré de ce solide et nécessaire bagage, l'application journalière des règles qu'il s'est préalablement assimilées. C'est alors que la pratique deviendra sérieusement profitable, qu'elle vous permettra de fixer dans votre mémoire, par un usage quotidien, le style propre à la rédaction des actes, la connaissance du tarif, ce commentaire perpétuel de notre

Code, la série des formalités, la durée des délais divers et multipliés. Et veuillez être bien persuadés que même alors, quand votre mémoire sera solidement nourrie par la pratique, le plus sage et le plus prudent sera celui qui ne s'y fiera qu'avec une extrême circonspection.

Telle est la marche que je ne saurais trop vous recommander. Celui qui croit n'être exclusivement qu'un praticien est obligé, à son insu, de la suivre ; seulement il la suit au rebours. Il est obligé de se rendre compte de ce qu'il fait, de raisonner sa routine, et de faire les mêmes études que celles que vous commencez aujourd'hui ; seulement il les fait d'une manière incomplète, dans les limites strictes des exigences de sa profession. Il voit mal, parce que sa vue n'embrasse qu'un champ trop circonscrit, il combine mal parce qu'il ne connaît pas d'avance les rapports mutuels des principes ; et lorsqu'il se trouve en présence d'un cas difficile et complexe, s'il n'a pas présent à sa mémoire un précédent qui peut souvent l'induire en erreur par une fausse analogie, il hésite, et, lorsqu'il se décide, il s'expose à commettre une faute et à engager gravement sa responsabilité.

Étudiez donc sérieusement cette science de la procédure, si intimement liée aux nécessités de la vie sociale. Hommes d'affaires, apprenez à bien voir et à bien diriger les affaires dès le début ; hommes du monde, apprenez à vous prémunir contre les difficultés qui peuvent à chaque instant s'élever sous vos pas. A l'époque où la force décidait des différends, quand le duel judiciaire était un véritable ou, pour mieux dire, le seul mode de preuve, on apprenait l'art de se battre pour s'assurer le moyen de faire triompher son droit. De nos jours, ce n'est plus les armes à la main que l'on descend dans l'arène judiciaire ; mais, sous une forme et avec des moyens plus pacifiques, c'est toujours une guerre qui s'y livre : apprenez à vous défendre. L'attaque et la défense ont encore leur art : initiez-vous à leurs procédés. Je sais bien que vous trouveriez, pour vous représenter dans ces luttes qui ne coûtent plus du sang en même temps que de l'argent, d'excellents mandataires qui prendraient en main vos intérêts. Mais rappelez-vous que, pour faire valoir une propriété, ce qu'il faut avant tout, c'est l'œil du maître. Il en est de même d'un procès. Seulement n'oubliez pas que, pour les procès comme pour les terres, cette surveillance du maître, si elle n'est pas éclairée par l'étude et l'expérience, loin d'être une garantie de succès, devient une cause certaine de ruine et de catastrophes.

www.ingramcontent.com/pod-product-compliance
Lightning Source LLC
Chambersburg PA
CBHW060528050426
42451CB00011B/1709